INSTRUCTION

SUR

L'EXERCICE

DE LA

CAVALERIE.

Du 14 Mai 1754.

A PARIS,

DE L'IMPRIMERIE ROYALE.

M. DCCLIV.

INSTRUCTION

INSTRUCTION

SUR

L'EXERCICE

DE LA

CAVALERIE.

Du 14 Mai 1754.

LE ROI s'étant fait rendre compte des diffé-rentes observations qui ont été faites, tant dans les camps que dans les garnisons, concernant l'Instruction qui a été envoyée l'année dernière pour l'Exercice de la Cavalerie; Sa Majesté, après avoir arrêté ce qu'Elle a jugé convenable d'y changer, a fait rédiger la présente Instruction, à laquelle son intention est qu'on se conforme exactement dans tous ses régimens de Cavalerie, tant françoise qu'étrangère, sans y contre-venir en quelque chose & sous quelque prétexte que ce soit.

A

DES
OBLIGATIONS DES OFFICIERS.

Les Officiers feront tenus de s'inftruire de ce qu'ils doivent commander aux Cavaliers.

Pour cet effet, les Commandans des corps tiendront la main à ce que non feulement les Officiers majors, mais auffi ceux des compagnies & les Maréchaux-des-logis, fe mettent au fait de tout ce qui a rapport au maniement des armes, & qu'ils le fachent affez bien exécuter pour pouvoir l'apprendre à leur troupe.

Ils ne recevront point les nouveaux Officiers à leurs emplois, que leur capacité à cet égard n'ait été auparavant bien reconnue par l'épreuve qui en fera faite en leur préfence & celle du Commandant de la place où le régiment fera en garnifon.

Quand les régimens feront raffemblés, ceux qui les commanderont feront commander devant eux à chaque compagnie, par leurs Officiers particuliers, les différens maniemens des armes & les manœuvres indiquées pour une compagnie, afin de s'affurer que ces Officiers foient en état de bien inftruire leurs compagnies lorfqu'elles feront féparées.

Ils leur feront auffi commander toutes les manœuvres indiquées pour un détachement.

DE L'ECOLE DU CAVALIER.

La première inftruction à donner à un Cavalier, eft de lui apprendre à connoître fon cheval & toutes les parties de fon équipement, ainfi que leur ufage, afin qu'il fache le brider, le gourmer, le feller & le harnacher de tout point, & la manière dont il doit le charger.

Enfuite on le fera monter à cheval & on l'y placera; on l'inftruira comment il doit tenir fa bride & s'en fervir

3

pour conduire son cheval, de la manière de porter ses étriers, de la longueur dont les étrivières doivent être, & de l'usage qu'il doit faire de ses jambes & de ses éperons. Enfin on le fera trotter quelque temps sans étriers, pour lui faire trouver le fond de la selle, & lui donner plus de fermeté à cheval.

En même temps qu'on occupera les Cavaliers à ces premières instructions, on les exercera un à un, ou deux à deux tout au plus, aux différens maniemens des armes, d'abord à pied & ensuite à cheval, leur en montrant tous les principes.

Les Maréchaux-des-logis seront principalement chargés de ce soin à l'égard des Cavaliers de recrue, qui seront cependant exercés très-souvent par leurs Officiers, soit dans les garnisons ou dans les quartiers, & que l'Aide-major rassemblera quand le régiment se trouvera réuni, pour leur faire répéter ces exercices.

DU MANIEMENT DES ARMES
A PIED.

LE Major commencera par cet avertissement :

Prenez garde à vous ; vous allez faire le manie-ment des armes.

Les Cavaliers regarderont s'ils sont bien alignés à un pas de distance l'un de l'autre, les deux pieds sur la même ligne, séparés de deux pouces, le mousqueton droit dans le creux de l'épaule gauche, la crosse appuyée au dessus de la hanche sur la main gauche, le premier doigt sur la vis & le pouce au dessus, le coude en arrière sans être gêné, la main droite pendante.

Lorsqu'ils seront sur plusieurs rangs, ils garderont entre ces rangs la distance de quatre pas ou de douze pieds.

COMMANDEMENS.

1. *A droite.*

2. *A gauche.*

Ces deux commandemens s'exécuteront chacun en un temps, tournant sur le talon gauche, & portant le droit sur la même ligne.

3. *Demi-tour à droite.*

4. *Demi-tour à droite.*

Ces deux commandemens s'exécuteront chacun en trois temps : au premier, on portera le pied droit derrière le gauche, les deux talons à quatre pouces de distance l'un de l'autre.

Au deuxième, on tournera sur les deux talons à droite, jusqu'à ce que l'on fasse face du côté opposé.

Au troisième, on reportera le pied droit à côté du gauche.

5. *Présentez le mousqueton.*

En deux temps : au premier, on portera la main droite à la poignée sans remuer le mousqueton.

Au deuxième, en tournant le poignet droit, on portera le mousqueton devant soi, entre les deux yeux, le canon en dedans, mettant le pouce sur le chien, & tenant la poignée sous la sousgarde avec les quatre autres doigts ; on saisira en même temps le mousqueton de la main gauche, la tenant à la hauteur du menton, le pouce alongé le long du bois, au dessus de l'extrémité supérieure de la platine, le bas de la crosse appuyé contre le ventre.

6. *Apprêtez le mousqueton.*

En un temps : on armera le mousqueton de la main droite seule, en tirant le chien en arrière, jusqu'à ce qu'on l'ait entendu se loger dans le cran.

7. *En joue.*

En un temps : on portera la crosse à l'épaule droite,

lâchant

14 Mai 1754.

5

lâchant le pied droit quatre pouces en arrière fur la même ligne que le gauche, le genou gauche un peu plié, le jarret droit tendu, la pointe du pied gauche vis-à-vis le bout du moufqueton, les talons fur la même ligne, le coude droit ferré; on remettra en même temps le pouce fur la poignée, & on fera entrer les deux premiers doigts dans la foûgarde.

8. *Feu.*

En deux temps : au premier, on appuyera avec force les deux premiers doigts fur la détente, fans faire d'autre mouvement.

Au deuxième, on laiffera tomber le moufqueton horizontalement, ou armes plattes, au deffous du ceinturon, le poignet gauche contre la hanche, les deux pieds égaux fur la même ligne, le pouce de la main gauche alongé le long du bois & du canon, le pouce de la droite fur le chien.

9. *Mettez le chien en fon repos.*

En un temps : on tirera le chien en arrière, jufqu'à ce qu'on ait entendu le reffort fe loger dans le cran du repos, & tout de fuite on remettra la main droite appuyée contre la poignée du moufqueton.

10. *Prenez la cartouche.*

En un temps : tenant le moufqueton ferme avec la main gauche, on portera la droite brufquement au porte-cartouche, à droite pour en tirer la cartouche.

11. *Déchirez-la avec les dents.*

En deux temps : au premier, on portera la cartouche à la bouche pour la déchirer.

Au deuxième, on la portera brufquement près du baffinet.

12. *Amorcez.*

En un temps : tenant la cartouche avec les deux premiers doigts, on la preffera un peu, on remplira le baffinet de poudre, on mettra le pouce fur l'ouverture de la cartouche, & on portera la main droite derrière la batterie.

B

13. *Fermez le baſſinet.*

En un temps : on fermera le baſſinet avec les derniers doigts, tenant la cartouche fermée du pouce & du premier doigt ; & l'on portera le côté de la main entre la platine & la croſſe.

14. *Paſſez le mouſqueton du côté de l'épée.*

En deux temps : au premier, on fera un à gauche & demi, en portant le pied droit en avant du gauche, & on portera en même temps le mouſqueton droit devant ſoi du côté gauche, le canon en dehors, faiſant gliſſer la main gauche au milieu du canon.

Au deuxième, la main gauche laiſſant tomber le mouſqueton, la croſſe à terre ſur le côté gauche, le canon en dehors, on le ſaiſira des deux derniers doigts de la main droite, à deux pouces du bout du canon.

15. *Mettez la cartouche dans le canon.*

En un temps : on mettra la cartouche dans le canon en la preſſant d'abord pour en faire ſortir la poudre ; on ſaiſira la baguette de la main droite avec le pouce & le premier doigt qu'on repliera en deſſous, ainſi que les autres, alongeant le pouce vers le bout de la baguette.

16. *Tirez la baguette.*

En un temps : on la tirera tout de ſuite, on la ſaiſira par le milieu, & on la retournera la main renverſée, tenant le bras haut, demi-tendu, préſentant le gros bout vis-à-vis & dans la même direction que le canon.

17. *Bourrez.*

En un temps : on bourrera ferme deux fois ſeulement.

18. *Remettez la baguette.*

En un temps : on retirera la baguette, la ſaiſiſſant par le milieu la main renverſée ; on la retournera & on la remettra tout de ſuite en ſon lieu, replaçant la main droite au bout du mouſqueton, le pouce alongé le long du bois.

7

19. *Préfentez le moufqueton.*

En deux temps : au premier, quittant le moufqueton de la main droite, on le lèvera devant foi de la main gauche, la portant à la hauteur du front, entre la tête & l'épaule gauche, & on le faifira de la main droite à la poignée.

Au deuxième, retirant le pied droit à côté du gauche, on retournera le moufqueton de la main droite, & on le portera devant foi entre les deux yeux, le canon en dedans, mettant le pouce fur le chien, & tenant la poignée fous la foûgarde avec les quatre autres doigts : on gliffera en même temps la main gauche à la hauteur du menton, le pouce alongé le long du bois au deffus de l'extrémité fupérieure de la platine, le bas de la croffe appuyé contre le ventre.

20. *Portez le moufqueton.*

En deux temps : au premier, tournant le canon en dehors, on portera de la main droite le moufqueton, vis-à-vis l'épaule gauche, & on placera la main gauche fous la croffe.

Au deuxième, on laiffera tomber le moufqueton dans le creux de l'épaule gauche, & la main droite tombera pendante fur le côté.

21. *Repofez-vous fur le moufqueton.*

En quatre temps : au premier, on portera la main droite à la poignée.

Au deuxième, on préfentera le moufqueton.

Au troifième, on portera le moufqueton à droite de la main gauche, & on placera la main droite au bout du canon, tenant le moufqueton droit, la foûgarde en avant, la croffe à un demi-pied de terre, & la main gauche tombera pendante fur le côté.

Au quatrième, on laiffera tomber la croffe du moufqueton à terre, à la droite de la pointe du pied droit, obfervant de retirer le pied droit en même temps que le moufqueton arrivera à terre, & de le replacer auffi-tôt.

B ij

22. *Posez le mousqueton à terre.*

En quatre temps : au premier, on tournera sur les deux talons à droite, & on retournera en même temps le mousqueton, de façon que le canon soit vers le corps, & que le pied droit soit derrière la crosse.

Au deuxième, laissant couler la main droite jusqu'à la grenadière, on fera un grand pas en avant du pied gauche, & on couchera le mousqueton par terre, la platine en dessus, tenant la main gauche sur la cuisse.

Au troisième, on se relèvera en retirant le pied gauche, les deux bras pendans.

Au quatrième, on se remettra en tournant sur les deux talons à gauche.

23. *Reprenez le mousqueton.*

En quatre temps : au premier, on tournera sur les deux talons à droite.

Au deuxième, on fera un grand pas en avant du pied gauche, & on reprendra le mousqueton avec la main droite à la même hauteur qu'on le tenoit en le posant à terre.

Au troisième, on se relèvera en retirant le pied gauche.

Au quatrième, la main droite glissant à deux doigts du bout du canon, retournera le mousqueton, la soûgarde en dehors, & on tournera sur les deux talons à gauche.

24. *Portez le mousqueton.*

En quatre temps : au premier, on élèvera le mousqueton de la main droite en le rapprochant du corps, & la main gauche le saisira au dessus de la platine.

Au deuxième, on le ramènera devant soi de la main gauche, la main droite le saisissant à la poignée dans l'attitude prescrite pour présenter le mousqueton.

Les deux derniers temps comme au vingtième commandement.

25. *Mousqueton à la grenadière.*

En trois temps : au premier, on portera la main droite à la poignée.

Au

9

Au deuxième, on portera le mousqueton en travers au dessus de la tête, la platine en dessus; on passera tout de suite la tête & le bras droit entre la grenadière & le mousqueton, qu'on laissera tomber à droite.

Au troisième, on poussera la crosse en arrière de la main droite, qu'on laissera pendante, la gauche devant soi.

26. *Préparez-vous pour mettre le sabre à la main.*

En un temps : passant le poignet de la main droite dans le cordon, on saisira la poignée du sabre & on dégagera un peu la lame de dedans le fourreau.

27. *Sabre à la main.*

En un temps : on tirera brusquement le sabre, & on le portera à l'épaule droite, le dos de la lame appuyé contre l'épaule, le poignet à la hauteur & près de la hanche.

28. *Remettez le sabre.*

En deux temps : au premier, on mettra le sabre en travers devant soi à la parade, la pointe plus élevée que la poignée.

Au deuxième, on saisira le fourreau de la main gauche, & de la droite on présentera le sabre à l'entrée du fourreau; on l'enfoncera tout de suite jusqu'à la garde, laissant tomber ensuite la main droite à côté, & la gauche devant soi.

29. *Portez le mousqueton.*

En deux temps : au premier, on prendra avec la main droite la crosse du mousqueton, pour le tirer en avant, & passer tout de suite le bras droit entre le corps & le mousqueton qu'on saisira par dessous à la poignée; on le passera en travers par dessus la tête, & on le portera vis-à-vis l'épaule gauche, la main gauche sous la crosse.

Au deuxième, on appuyera la crosse de la main gauche au dessus de la hanche, comme à l'avertissement.

C

Outre les commandemens ci-deſſus, les Cavaliers ſauront encore exécuter ceux qui ſuivent.

1. *Paſſez la platine ſous le bras gauche.*

En quatre temps : au premier, on portera la main droite à la poignée.

Au deuxième, on portera le mouſqueton de la main droite vis-à-vis l'épaule gauche, le canon en dehors, plaçant la main gauche au deſſous du porte-baguette d'en bas.

Au troiſième, on paſſera la platine ſous le bras, la main droite accompagnant le mouſqueton.

Au quatrième, on portera bruſquement la main droite pendante ſur le côté.

2. *Portez le mouſqueton.*

En trois temps : au premier, on portera le mouſqueton en avant de la main gauche, en le relevant & le ſaiſiſſant en même temps de la main droite à la poignée, le canon en dehors, les bras tendus, la main gauche à la hauteur de la bouche.

Au deuxième, on portera la main gauche ſous la croſſe.

Au troiſième, comme au deuxième temps du vingtième commandement.

3. *Renverſez le mouſqueton.*

En cinq temps : au premier, on portera la main droite à la poignée.

Au deuxième, on portera le mouſqueton devant ſoi de la main droite, la platine en dehors : on renverſera la main gauche qui ſaiſira le canon au deſſous & contre le porte-baguette, & on la tiendra à la hauteur de la bouche.

Au troiſième, on renverſera le mouſqueton de la main gauche, de manière que la croſſe porte entre le bras droit & le corps, on le tiendra le canon en dehors, & la croſſe à la hauteur de la bouche, & on l'empoignera tout de ſuite de la main droite à la poignée.

Au quatrième, on paſſera le mouſqueton renverſé ſous

4 Mai 1754.

II

le bras gauche, glissant la main gauche le long du canon, de façon que la crosse soit appuyée à l'épaule.

Au cinquième, on portera brusquement la main droite pendante sur le côté.

4. *Portez le mousqueton.*

En quatre temps : au premier, on reportera le mousqueton en avant de la main gauche, & on joindra tout de suite la main droite à la poignée.

Au deuxième, on le tournera brusquement le bout en haut, sans le quitter de la main gauche, le canon en dehors, le reprenant de la main droite, le pouce alongé sur la contre-platine.

Au troisième, on le portera vis-à-vis l'épaule gauche, la main gauche sous la crosse, le bras gauche tendu.

Au quatrième, comme au deuxième temps du vingtième commandement.

DU MANIEMENT DES ARMES
A CHEVAL.

LE Major commencera par cet avertissement :

Prenez garde à vous ; préparez-vous pour faire le maniement des armes.

Les Cavaliers ajusteront les rênes en deux temps.

Au premier, on prendra le bout des rênes par dessous le bouton, avec le pouce & les deux premiers doigts de la main droite ; on les élèvera devant soi, & on placera la main gauche à un pouce au dessus du pommeau & à un demi-pied en avant du corps, le petit doigt passé dans les rênes.

Au deuxième, on laissera tomber le bout des rênes à droite, & on portera la main droite sur la cuisse.

1. *Dégagez le mousqueton.*

En un temps : on saisira de la main gauche, sans quitter les rênes, le bout de la courroie du porte-crosse, & de la main droite le côté de la boucle, & avec le premier doigt de cette main on fera fortir l'ardillon; & le bout de la courroie étant forti de la boucle, la main gauche prendra le côté de la boucle, & de la droite on empoignera le moufqueton par la poignée.

On obfervera que les Carabiniers doivent porter leur carabine comme les Cavaliers leur moufqueton.

2. *Haut le moufqueton.*

En un temps : on élèvera le moufqueton & on le portera la croffe fur la cuiffe, le bout haut en avant.

3. *Accrochez le moufqueton.*

En deux temps : au premier, on baiffera le moufqueton fur la main gauche dont on l'empoignera, le tournant, le bout un peu élevé, vers l'oreille gauche du cheval ; & de la droite on prendra le porte-moufqueton à la bandoulière, on y accrochera le moufqueton par l'anneau roulant, & tout de fuite on reprendra le moufqueton de la main droite à la poignée.

Au deuxième, comme au deuxième commandement.

4. *Apprêtez le moufqueton.*

En un temps : on armera le moufqueton de la main droite feule, en tirant le chien en arrière, jufqu'à ce qu'on l'ait entendu fe loger dans le cran.

5. *En joue.*

En un temps : on portera de la main droite la croffe du moufqueton à l'épaule droite ; & pour foûtenir le moufqueton, on avancera la main gauche fur la tête du cheval, fans alonger les rênes.

6. *Feu.*

En deux temps : au premier, comme au premier temps du huitième commandement à pied.

Au deuxième, on laiffera tomber le moufqueton horizontalement ou armes plattes, fur la main gauche, dont on

le

le saisira près de la partie supérieure à la platine, le pouce
gauche alongé le long du bois, le pouce droit sur le chien.

7. *Mettez le chien en son repos.*

En un temps, comme au neuvième commandement à
pied.

8. *Prenez la cartouche.*

En un temps : le mousqueton étant appuyé sur le pommeau de la selle, on portera la main droite brusquement
au porte-cartouche pour en tirer la cartouche.

9. *Déchirez-la avec les dents.*

En deux temps, comme au onzième commandement à
pied.

10. *Amorcez.*

En un temps, comme au douzième commandement à
pied.

11. *Fermez le bassinet.*

En un temps, comme au treizième commandement à
pied.

12. *Passez le mousqueton du côté de l'épée.*

En un temps : levant le mousqueton de la main gauche,
& tournant la baguette du côté du corps, on poussera la
crosse des deux derniers doigts de la main droite, pour la
faire passer à gauche entre la fonte & l'épaule du cheval.

13. *Mettez la cartouche dans le canon.*

En un temps, comme au quinzième commandement à
pied.

14. *Tirez la baguette.*

En un temps, comme au seizième commandement à
pied.

D

15. *Bourrez.*

En un temps, comme au dix-septième commandement à pied.

16. *Remettez la baguette.*

En un temps, comme au dix-huitième commandement à pied.

17. *Haut le mousqueton.*

En deux temps : au premier, on relèvera de la main gauche le mousqueton, & de la droite on le saisira à la poignée.

Au deuxième, en le levant on portera la crosse sur le plat de la cuisse, en quittant le mousqueton de la main gauche, qui restera occupée à tenir la bride.

18. *Laissez tomber le mousqueton.*

En un temps, on portera doucement le bout du mousqueton en bas, & on le laissera pendre à la bandoulière.

Tout de suite, sans commandement, on ajustera les rênes en deux temps, comme il a été dit à l'avertissement.

19. *Pistolet à la main.*

En deux temps : au premier, on portera la main droite sur la crosse du pistolet de la gauche, passant par dessus les rênes & la main gauche.

Au deuxième, on le tirera de la fonte & on le portera sur la main gauche, dont on l'empoignera, le bout un peu élevé en avant vers l'oreille gauche du cheval ; & on mettra le pouce de la main droite sur le chien, & le premier doigt devant la détente.

20. *Apprêtez le pistolet.*

En un temps : on armera le pistolet de la main droite, le tenant toûjours de la gauche par le milieu du canon, & on l'élèvera le bout en haut, le bras demi-tendu, le poignet à la hauteur de l'œil droit, la soûgarde en avant.

21. *En joue.*

En un temps : on visera le long du canon, tenant la sousgarde en dessous, & le bout du pistolet directement devant soi, plus bas que le poignet.

22. *Feu.*

En deux temps : au premier, on tirera la détente.

Au deuxième, on remettra le pistolet dans la fonte, & on reportera tout de suite la main droite sur la cuisse droite.

23. *Pistolet à la main.*

En deux temps : au premier, on portera la main droite sur le pistolet droit, les doigts entre la crosse & la selle, les ongles & le pouce en dessus de la crosse.

Au deuxième, on le tirera de la fonte & on le portera sur la main gauche dont on l'empoignera, le bout un peu élevé en avant vers l'oreille gauche du cheval : on mettra le pouce de la main droite sur le chien, & le premier doigt devant la détente.

24. *Apprêtez le pistolet.*

En un temps, comme au vingtième commandement.

25. *En joue.*

En un temps, comme au vingt-unième commandement.

26. *Feu.*

En deux temps, comme au vingt-deuxième commandement ci-dessus.

27. *Préparez-vous pour mettre le sabre à la main.*

En un temps : portant la main droite par dessus la gauche & les rênes, on passera le poignet dans le cordon, & on prendra le sabre à la poignée, dégageant un peu la lame de dedans le fourreau.

28. *Sabre à la main.*

En un temps, comme au vingt-septième commandement à pied.

29. *Remettez le sabre.*

En deux temps, comme au vingt-huitième commandement à pied, sans quitter les rênes ; & tout de suite en deux temps, on les ajustera comme à l'avertissement.

30. *Haut le mousqueton.*

En un temps : on le prendra avec la main droite à la poignée, & on le portera sur la cuisse le bout en haut.

31. *Décrochez le mousqueton.*

En deux temps : au premier, on abaissera le mousqueton avec la main droite sur la main gauche, dont on l'empoignera, tournant le bout un peu élevé vers l'oreille gauche du cheval, & de la droite on décrochera le mousqueton.

Au deuxième, on fera haut le mousqueton.

32. *Mousqueton à la grenadière.*

En deux temps, comme aux deux derniers du vingt-cinquième commandement du maniement des armes à pied.

33. *Reprenez le mousqueton.*

En un temps : on prendra avec la main droite la crosse du mousqueton pour le tirer en avant, on passera tout de suite la main & le bras droit entre le corps & le mousqueton, on le saisira par dessous à la poignée, on le passera en travers par dessus la tête, & on le portera la crosse sur la cuisse, le bout haut en avant.

34. *Remettez le mousqueton en son lieu.*

En deux temps : au premier, tenant le mousqueton à la poignée, on l'élèvera de la main droite à la hauteur de la cravatte.

Au deuxième, on remettra le bout du mousqueton dans sa botte, on engagera la crosse dans la courroie comme on l'en a dégagée, & on bouclera la courroie.

DE

1h. Mai 1754

17

DE L'INSPECTION A PIED.

LES Cavaliers qui auront été commandés à pied, étant arrivés au lieu du rendez-vous, s'y mettront en bataille sur un rang ou sur plusieurs, ainsi qu'il sera ordonné, à un pas de distance l'un de l'autre, les pieds sur le même alignement, separés de deux pouces, portant le mousqueton dans l'attitude expliquée à l'avertissement du maniement des armes à pied.

Après que l'on aura examiné si les Cavaliers sont bien placés, s'ils portent bien leurs armes, & si tout leur équipement est en bon état, on leur fera exécuter les commandemens suivans :

Prenez garde à vous, on va faire l'inspection.

A cet avertissement, les Cavaliers placeront le porte-cartouche sur le devant de la hanche droite, ils le découvriront de la main droite en renversant les pattes, & les mettant entre le corps & le porte-cartouche.

1. *Présentez le mousqueton en avant.*

En deux temps : au premier, on portera la main droite à la poignée.

Au deuxième, on lèvera le mousqueton, & on le portera perpendiculairement devant soi, la platine en avant à la hauteur de la bouche, le coude droit serré près du corps, le pouce alongé sur la contre-platine.

Après ce premier commandement, on fera l'inspection du mousqueton & du porte-cartouche, observant s'il sera garni au moins de quatre cartouches en poudre & en balles, d'une pierre, d'un tire-bourre & d'une pièce grasse.

2. *Portez le mousqueton.*

En deux temps : au premier, on portera le mousqueton à gauche vis-à-vis l'épaule, la main gauche sous la crosse, tenant le mousqueton perpendiculaire, le canon en dehors.

E

Au deuxième, comme au second temps du vingtième commandement du maniement des armes à pied.

Après l'exécution de ce commandement, les Cavaliers replaceront leur porte-cartouche.

3. *Passez le mousqueton du côté de l'épée.*

En trois temps : au premier, on portera la main droite à la poignée, sans remuer le mousqueton.

Au deuxième, en avançant le pied droit devant le pied gauche, & effaçant le corps un peu sur la gauche, on détachera le mousqueton de l'épaule pour le tenir droit, le canon en dehors, entre la tête & l'épaule gauche, & la main gauche le saisira à la hauteur du front, le bras droit étant étendu dans toute sa longueur.

Au troisième, comme au deuxième du quatorzième commandement du maniement des armes à pied.

4. *Tirez la baguette.*

En un temps, comme au seizième commandement du maniement des armes à pied.

5. *Mettez la baguette dans le canon.*

En un temps : on mettra la baguette dans le canon, & on replacera la main droite au bout du mousqueton.

Après ce commandement, celui qui fera l'inspection examinera si les armes ne sont point chargées.

6. *Remettez la baguette.*

En un temps, comme au dix-huitième commandement du maniement des armes à pied.

On ne fera les commandemens qui suivent, jusques & compris le dix-septième, que quand on voudra faire charger les armes : hors ce cas, on passera tout de suite du sixième commandement au dix-huitième.

7. *A droite, retirez le mousqueton.*

En un temps, on fera un à droite & demi sur le talon

19

gauche, & on retournera en même temps le mousqueton,
portant le bout à gauche & la crosse à droite, qu'on saisira
de la main droite à la poignée, & qu'on appuiera à la hanche,
plaçant le mousqueton horizontalement ou armes plattes,
la contre-platine sur le ceinturon, la main gauche contre
le haut de la platine, le pouce alongé le long du bois, les
deux pieds sur la même ligne, la pointe du pied gauche
regardant le bout du canon.

8. *Découvrez le baffinet.*

En un temps : on découvrira le baffinet en pouffant ferme
la batterie avec le pouce droit ; & on reportera la main
droite à la poignée.

9. *Prenez la cartouche.*

10. *Déchirez-la avec les dents.*

11. *Amorcez.*

12. *Fermez le baffinet.*

13. *Paffez le mousqueton du côté de l'épée.*

14. *Mettez la cartouche dans le canon.*

15. *Tirez la baguette.*

16. *Bourrez.*

17. *Remettez la baguette.*

18. *Préfentez le mousqueton.*

19. *Portez le mousqueton.*

Ces onze commandemens s'exécuteront comme il est
dit au maniement des armes à pied, depuis le dixième
commandement jusques & compris le vingtième.

20. *Mousqueton à la grenadière.*

21. *Préparez-vous pour mettre le fabre à la main.*

22. *Sabre à la main.*

Ces trois commandemens s'exécuteront comme aux
vingt-cinquième, vingt-fixième & vingt-feptième du maniement des armes à pied.

23. *Présentez le sabre.*

En un temps : on portera le sabre brusquement devant soi, présentant le plat de la lame la pointe haute, le bras demi-tendu, le bout du pouce contre la coquille, la coquille à hauteur de la cravatte ; & après que le côté droit aura été vû, on fera tourner la poignée du sabre dans la main, pour faire voir l'autre côté de la lame, à mesure que l'Officier faisant l'inspection arrivera. Lorsqu'il l'aura vûe des deux côtés, on se remettra dans la première position de sabre présenté ; & quand il sera passé, les Cavaliers remettront le sabre à l'épaule.

24. *Remettez le sabre.*
25. *Portez le mousqueton.*

Comme aux vingt-huitième & vingt-neuvième commandemens du maniement des armes à pied.

Lorsqu'une troupe sortira du service à pied, le Commandant fera décharger les armes aux Cavaliers avant de les renvoyer au quartier.

DE L'INSPECTION A CHEVAL.

QUAND les Cavaliers qui auront été commandés à cheval, seront arrivés au rendez-vous, ils s'y mettront en bataille sur un ou plusieurs rangs, selon qu'il sera ordonné.

Le Commandant pourra faire défiler les Cavaliers pour les voir, en allant par leur gauche, & en revenant par leur droite, & examiner s'il ne manque rien à leur équipement ou à celui de leurs chevaux : il passera du moins devant & derrière chaque rang pour faire cet examen.

Lorsqu'il l'aura fini, il fera compter les Cavaliers par quatre, jusqu'à la fin de chaque rang.

Il fera ensuite les commandemens suivans :

Prenez garde à vous ; préparez-vous pour l'inspection.

A cet avertissement, les Cavaliers ajusteront les rênes en
deux

deux temps, comme au maniement des armes à cheval, & ils placeront le porte-cartouche comme à l'inspection à pied.

1. *Dégagez le mousqueton.*

2. *Haut le mousqueton.*

Comme aux premier & deuxième commandemens du maniement des armes à cheval.

3. *Présentez le mousqueton en avant.*

En un temps: on présentera le mousqueton, le tenant par la poignée perpendiculairement, le pouce alongé sur la contre-platine, & la platine en avant.

Après ce commandement, on fera l'inspection du mousqueton.

4. *Haut le mousqueton.*

En un temps: on portera la crosse sur le haut de la cuisse droite, le bout du mousqueton haut en avant.

5. *Passez le mousqueton du côté de l'épée.*

En deux temps: au premier, portant le bout du mousqueton à droite, on fera passer la crosse à gauche entre les rênes & le corps, tournant la platine en dessus, la baguette du côté du corps: on saisira le mousqueton de la main gauche, au dessus & contre la platine, sans quitter les rênes.

Au deuxième, en plaçant la crosse entre la fonte & l'épaule du cheval, on tiendra le bout du mousqueton vis-à-vis l'épaule droite, & de la main droite on prendra la baguette avec le pouce & le premier doigt que l'on repliera ainsi que les autres, alongeant le pouce vers le bout de la baguette.

6. *Tirez la baguette.*

En un temps, comme au seizième du maniement des armes à pied.

7. *Mettez la baguette dans le canon.*

En un temps: on mettra la baguette dans le canon; &

F

avec la main droite on empoignera le bout du mousqueton, le pouce alongé le long du bois.

Après l'exécution de ce commandement, on examinera la cartouche & si les armes ne font point chargées, & les Cavaliers replaceront ensuite la cartouche.

8. *Remettez la baguette.*

En un temps, comme au dix-huitième du maniement des armes à pied.

9. *Haut le mousqueton.*

En deux temps, comme au dix-septième du maniement des armes à cheval.

On ne fera les commandemens qui suivent, jusques & compris le vingt-unième, que quand on voudra faire charger les armes : hors ce cas, on passera tout de suite du neuvième commandement au vingt-deuxième.

10. *Retirez le mousqueton.*

En un temps, comme au deuxième du sixième commandement du maniement des armes à cheval.

11. *Découvrez le bassinet.*

En un temps : on découvrira le bassinet en poussant ferme la batterie avec le pouce droit, & on reportera la main à la poignée.

12. *Prenez la cartouche.*

En un temps, comme au huitième du maniement des armes à cheval.

13. *Déchirez - la avec les dents.*
14. *Amorcez.*
15. *Fermez le bassinet.*

Ces trois commandemens s'exécuteront comme aux 11e, 12e & 13e du maniement des armes à pied.

23

16. *Passez le mousqueton du côté de l'épée.*

En deux temps, comme au douzième du maniement des armes à cheval.

17. *Mettez la cartouche dans le canon.*
18. *Tirez la baguette.*
19. *Bourrez.*
20. *Remettez la baguette.*

Ces quatre commandemens, comme aux 15ᵉ, 16ᵉ, 17ᵉ & 18ᵉ du maniement des armes à pied.

21. *Haut le mousqueton.*

En deux temps, comme au dix-septième du maniement des armes à cheval.

22. *Mousqueton à la grenadière.*

En trois temps, comme au maniement des armes à cheval.

23. *Prenez le pistolet gauche.*

En deux temps : au premier, on prendra avec la main droite le pistolet gauche à la crosse, par-dessus les rênes & la main gauche.

Au deuxième, on le tirera de la fonte & on le mettra dans la main gauche, dont on le prendra à la poignée, le tenant droit, la platine en avant.

24. *Mettez la baguette dans le canon.*

En un temps : on tirera la baguette de son lieu, & on la mettra dans le canon.

25. *Prenez le pistolet droit.*

En deux temps : au premier, on portera la main droite sur le pistolet droit, les doigts entre la crosse & la selle, les ongles & le pouce en dessus de la crosse.

Au deuxième, on le tirera brusquement en le retournant : on le placera à côté de l'autre & on le tiendra avec la main gauche en passant les doigts dans la sousgarde.

F ij

26. *Mettez la baguette dans le canon.*

En un temps : on tirera la baguette & on la mettra dans le canon ; & reprenant ce piſtolet avec la main droite à la poignée, on les tiendra tous les deux au deſſus du pommeau de la ſelle, les platines en avant.

Après ce commandement, on verra ſi les piſtolets ne ſont pas chargés ; & dès que le Commandant ſera paſſé, les Cavaliers remettront le piſtolet droit dans la main gauche, comme au deuxième temps du vingt-cinquième commandement.

27. *Remettez les baguettes.*

En deux temps : au premier, on retirera la baguette du canon du dernier piſtolet & on la mettra en ſon lieu.

Au deuxième, on retirera l'autre baguette du canon, on la remettra en ſon lieu, & on reportera la main droite à la poignée dudit piſtolet.

28. *Remettez le dernier piſtolet.*

En un temps : on le remettra dans la fonte gauche.

On paſſera les commandemens ſuivans juſques & compris le trente-ſixième, quand on ne voudra point faire charger les piſtolets.

29. *Découvrez le baſſinet.*

En deux temps : au premier, on prendra avec la main droite le premier piſtolet par la poignée, & on le baiſſera ſur la main gauche.

Au deuxième, on découvrira le baſſinet en pouſſant ferme la batterie avec le pouce droit, & on reportera la main droite à la poignée.

30. *Prenez la cartouche.*

31. *Déchirez - la avec les dents.*

32. *Amorcez.*

Comme aux 12ᵉ, 13ᵉ & 14ᵉ commandemens.

33. *Fermez*

33. *Fermez le bassinet.*

En un temps : on fermera le bassinet, & du même temps on poussera la crosse du pistolet à gauche avec la main droite, tenant toûjours la cartouche dans les doigts, & le pistolet de la main gauche, la platine en dessus.

34. *Mettez la cartouche dans le canon.*

En un temps : on mettra la cartouche dans le canon, on saisira la baguette avec le pouce & les deux premiers doigts, la paume de la main vers le bout du pistolet.

35. *Tirez la baguette.*

En un temps : on tirera brusquement la baguette, & en la retournant on présentera le gros bout vis-à-vis le canon.

36. *Bourrez.*

En un temps : on bourrera deux fois, on remettra la baguette en son lieu, & on prendra le pistolet avec la main droite à la poignée, le tenant droit devant soi.

37. *Remettez le pistolet.*

En deux temps : au premier, on mettra le pistolet dans la fonte.

Au deuxième, on portera la main droite sur la cuisse droite.

On passera encore le commandement qui suit si l'on ne veut pas faire charger les pistolets.

38. *Pistolet à la main.*

En deux temps : au premier, on portera la main droite sur la crosse du pistolet gauche, par dessus la main gauche & les rênes.

Au deuxième, on le tirera de la fonte, & on le portera sur la main gauche, dont on l'empoignera, tenant le bout un peu élevé.

Pour charger ce second pistolet & le remettre, on répétera les mêmes commandemens que pour le premier;

à commencer du vingt-neuvième jufques & compris le trente-feptième.

39. *Préparez-vous pour mettre le fabre à la main.*

En un temps, comme au vingt-feptième du maniement des armes à cheval.

40. *Sabre à la main.*

En un temps, comme au vingt-feptième du maniement des armes à pied.

41. *Préfentez le fabre.*

En un temps, comme au vingt-troifième de l'infpection à pied.

Après ce commandement, le Commandant fera l'infpection du fabre.

42. *Remettez le fabre.*

En deux temps, comme au vingt-huitième du maniement des armes à pied, fans quitter les rênes, que l'on ajuftera tout de fuite fans commandement.

43. *Reprenez le moufqueton.*

44. *Remettez le moufqueton en fon lieu.*

Comme aux trente-troifième & trente-quatrième du maniement des armes à cheval.

Si on veut faire l'infpection à pied d'une troupe qui eft à cheval, on la fera mettre pied à terre après le 42ᵉ commandement, comme il fera dit ci-après à la cinquième manœuvre pour une compagnie : on fera enfuite les commandemens de l'infpection à pied qu'on jugera néceffaires ; & après que la troupe fera remontée à cheval, on fera les 43ᵉ & 44ᵉ commandemens.

1.h. Mai 1984

27

DES PRINCIPES GÉNÉRAUX
POUR LES MANŒUVRES.

POUR faire manœuvrer une troupe, il faut être instruit des principes généraux sur lesquels ses mouvemens doivent être réglés.

UN rang est formé de plusieurs hommes placés à côté les uns des autres. *Rangs & files.*

Une file est formée de plusieurs hommes, les uns derrière les autres.

Les hommes d'un même rang doivent être bien alignés, ni trop ouverts ni trop serrés.

Pour être bien alignés, soit à pied, soit à cheval, il faut que les épaules des Cavaliers soient sur la même ligne.

Pour n'être ni trop ouverts ni trop serrés, si c'est à pied, il faut que les coudes se touchent sans se gêner; si c'est à cheval, que les bottes se touchent sans que les Cavaliers se serrent, ni se blessent réciproquement.

Les rangs seront toûjours aussi serrés qu'il sera possible, sans donner d'atteintes aux chevaux.

TOUTE troupe étant sous les armes, observera le silence pour entendre le commandement, & on punira ceux qui ne le garderont pas. *Silence.*

CHAQUE commandement sera précédé de cet avertissement : *Prenez garde à vous,* après lequel on expliquera aux Cavaliers ce qu'ils devront exécuter. Ils ne se mettront en mouvement qu'au mot *Marche,* & ils ne s'arrêteront qu'au mot *Halte.* Si l'on veut qu'ils marchent en avant, après un quart de conversion, on dira: *Marchez droit.* *Commandemens.*

La première règle pour se mouvoir & pour marcher, est de s'éloigner le moins qu'il est possible de l'ordre de bataille, & de préférer les manœuvres par lesquelles on peut le plus promptement & avec moins de chemin se reformer.

On observera aussi de faire tous les mouvemens quarrément, autant qu'il sera possible.

Regarder
sa droite & sa
gauche en mar-
chant en avant.
LORSQUE les Cavaliers marcheront droit devant eux, ceux de la droite regarderont leur gauche, ceux de la gauche regarderont leur droite, pour s'aligner tous sur le centre.

On ne fera jamais mouvoir une troupe sans l'ébranler auparavant; & pour cela, au commandement de *prenez garde à vous*, les Cavaliers ajusteront leurs rênes, & rassembleront leurs chevaux entre leurs jambes, mais sans faire aucun mouvement en avant.

Conversions.
DANS tous les quarts de conversion, soit à droite, soit à gauche, les Cavaliers regarderont alternativement l'aile qui marche & la partie qui soûtient, de laquelle ils auront attention à ne jamais se séparer; & le Cavalier qui soûtient, autrement dit le *Pivot*, regardera toûjours arriver l'aile qui marche, pour ne pas trop précipiter le petit mouvement qu'il a à faire.

Lorsqu'on fera un quart de conversion à droite ou à gauche, sur-tout si c'est par escadron entier, on observera principalement d'éviter que le centre de l'escadron ne reste en arrière.

Lorsqu'une troupe marchant en colonne tournera sur sa droite ou sur sa gauche, les Cavaliers qui suivent marcheront droit devant eux jusqu'au terrein où ceux qui les précèdent auront tourné, sans se porter d'avance ni sur leur droite, ni sur leur gauche.

Les Cavaliers des deuxième & troisième rangs observeront de suivre exactement leurs Chefs-de-files, sur-tout dans les quarts de conversion; & pour y parvenir, ils se porteront un peu vers le côté opposé à celui sur lequel la troupe tournera.

LES

14. Mai 1754.

29

LES Commandans de troupe auront continuellement *Distances.*
attention à ne jamais laisser plus d'intervalle d'une division
à l'autre, qu'il n'en faut à leur division pour se remettre
en bataille; observant que comme chaque cheval occupe
un pas de front, & trois pas en sa longueur, la division
qui le précède lui laissera six pas au-delà de l'intervalle
qui sera entre les deux troupes, si on est à cheval sur deux
rangs, & neuf pas si on est à cheval sur trois rangs; &
conséquemment que l'intervalle qu'il aura à conserver,
devra être moindre de six ou de neuf pas que l'étendue
du front de sa troupe.

Lorsqu'une troupe marche par un, par deux, ou par
quatre Cavaliers, comme elle occupe alors plus de terrein
qu'il ne lui en faut pour se remettre en bataille, on n'observera point de distance entre les rangs, ni entre les compagnies & escadrons, qu'autant qu'il sera nécessaire pour
la place de l'Officier qui les commandera.

La distance ordinaire d'un escadron à l'autre, étant en
bataille, doit être de vingt-quatre pas, c'est-à-dire de la
moitié du front de l'escadron.

Les escadrons qui seront en seconde ligne, conserveront
d'un escadron à l'autre une distance égale à leur front.

Lorsqu'une troupe sera en colonne, au commandement
de *Marche* toutes les divisions se mettront en mouvement
en même temps, pour conserver toûjours le même intervalle de l'une à l'autre.

LORSQU'ON fera un commandement différent pour *Commandemens*
la droite & pour la gauche, le commandement pour la *composés.*
droite sera toûjours énoncé le premier.

ON fera d'abord exécuter les manœuvres au pas & *Promptitude*
lentement, ensuite plus légèrement à mesure que la troupe *des manœuvres.*
se trouvera plus instruite, jusqu'à ce qu'elle puisse les faire
avec toute la vivacité nécessaire.

ON fera aussi exécuter à pied celles qui devront être *Manœuvres à pied.*

H

faites à cheval, afin que l'attention du Cavalier n'étant point divisée par le soin de conduire son cheval, il conçoive plus aisément ce qu'il aura à faire.

Fuir des talons. TOUTE la Cavalerie s'instruira à appuyer sur sa droite & sur sa gauche en fuyant des talons.

Deux & trois rangs. ELLE sera exercée, tantôt sur deux rangs & tantôt sur trois rangs; l'intention du Roi étant qu'elle sache combattre de ces deux manières: cependant, attendu que sa composition actuelle convient mieux pour se former sur deux rangs, on préférera cette façon dans le cours ordinaire du service.

Temps des exercices. LES régimens assemblés, ou les compagnies séparées, s'exerceront au moins deux fois la semaine, depuis le premier mai jusqu'au semestre, & une fois par semaine pendant l'hiver; ceux qui seront dans le plat pays s'exerceront tous les jours pendant le temps de leur assemblée.

DES MANŒUVRES
POUR UNE COMPAGNIE.

LES Cavaliers étant instruits des différens maniemens des armes, & affermis dans les principes pour monter à cheval, on les réunira à la compagnie pour les exercer avec elle, au nombre de vingt-quatre seulement, soit que l'exercice se fasse à pied ou à cheval, & qu'il soit général ou particulier.

Les vingt-quatre Cavaliers commandés par compagnie, se rendront au rendez-vous indiqué à leur quartier, ou à la porte du Commandant de la troupe, une demi-heure avant celle qui aura été marquée pour l'exercice.

Ils y amèneront leurs chevaux, les tenant de la main gauche par la branche droite du mors, le bout des rênes dans la main droite.

Ils se rangeront par ancienneté sur un seul rang; le

14 Mai 1754.

31

Commandant en fera l'inspection à pied, ou à cheval après les y avoir fait monter.

Au camp, les Cavaliers sortiront les chevaux des rues, les tenant également de la main gauche par la branche droite du mors.

Ils se rangeront par ancienneté, formant une haye par compagnie, la tête des chevaux de chacune du côté des timbales; & le Commandant de la compagnie en fera également l'inspection.

Il disposera ensuite la compagnie pour être sur deux rangs, les deux Brigadiers restant à la droite de la compagnie, & faisant passer par derrière deux Carabiniers, qu'il placera le douzième & le onzième du rang, de manière que quand on formera la compagnie, la droite & la gauche soient formées par des Brigadiers & Carabiniers; ce qu'on observera également si la compagnie se trouvoit au dessous du nombre de vingt-quatre.

Il fera compter tous les Cavaliers par quatre, commençant par la droite.

Il fera rompre la compagnie comme il le jugera à propos, pour la conduire sur le terrein destiné pour l'exercice.

Il l'y fera reformer sur un seul rang.

Après avoir fait les commandemens nécessaires pour vérifier si les armes ne sont pas chargées, il lui fera exécuter le maniement des armes; & à l'avertissement qui le précède, les Officiers passeront en avant, & s'aligneront derrière celui qui le commande, le Maréchal-des-logis se tenant derrière.

Le maniement des armes étant fini, le Commandant dira: *Messieurs, le maniement des armes est fini.* A cet avertissement, les Officiers viendront se placer à la tête de leur compagnie, & le Maréchal-des-logis restera derrière.

Il fera faire enfuite telles des manœuvres fuivantes qu'il jugera à propos, ayant foin cependant que les Cavaliers foient exercés à les faire toutes.

1.re
MANŒUVRE.

AU PAS ET AU TROT.

ON fera d'abord faire cette manœuvre au pas & lentement, enfuite on la fera exécuter au trot.

1.er
Commandement.

Prenez garde à vous.
Marche........au trot.

La compagnie marchera au pas droit devant elle, & fe mettra au trot lorfqu'on en fera le commandement.

2.me

Prenez garde à vous.
A droite par compagnie.
Marche.

La droite foûtiendra, le Cavalier qui la ferme faifant feulement un à droite : la gauche marchera jufqu'au commandement *Halte*, & ce mouvement fe fera légerement.

3.me

Prenez garde à vous.
Marche........au trot.
A gauche par compagnie.
Marche.

La gauche foûtiendra ; la droite marchera légèrement jufqu'au commandement *Halte*.

4.me

Prenez garde à vous.
Marche........au trot.
Par compagnie, demi-tour à droite.
Marche.

La droite foûtiendra ; la gauche fera légèrement la demi-converfion, & s'arrêtera au commandement *Halte*.

Prenez

16. Mai 1784.

33

Prenez garde à vous.
Marche........au trot.
Par compagnie demi-tour à gauche.
Marche.

5.me Commandement.

La gauche soûtiendra ; la droite fera légèrement la demi-converfion, & s'arrêtera au commandement *Halte.*

Prenez garde à vous.
Préparez-vous pour mettre le fabre à la main.

6.me

En un temps, comme au vingt-feptième du maniement des armes à cheval.

Sabre à la main.

7.me

En un temps, comme au vingt-feptième du maniement des armes à pied.

Prenez garde à vous.
Marche.

8.me

On marchera bien alignés, ni trop ouverts, ni trop ferrés.

Sonnez la charge.

9.me

Lorfque le Trompette fonnera la charge, on commandera *au trot* ; & après avoir marché ainfi quelques pas, au fignal des Officiers les Cavaliers porteront leur fabre haut comme s'ils vouloient frapper, tenant la lame un peu en travers, la pointe en arrière, plus haute d'un pied que la main.

Halte.
Portez vos fabres.
Marche........au trot.

10.me

Ils feront halte, mettront leur fabre à l'épaule, & remarcheront au trot jufqu'au commandement *Halte* ; enfuite on fera remettre les fabres.

I

TIRER EN AVANT.

IIme
MANŒUVRE.

LES Officiers ayant dû préliminairement donner tous leurs soins pour accoûtumer les chevaux au feu dans l'écurie, ou lorsqu'ils mangent l'avoine; pour les y faire davantage, leur faire perdre la mauvaise habitude qu'ils contractent souvent de sortir difficilement du rang, & pour apprendre au Cavalier à escarmoucher, on fera mettre la moitié d'une compagnie vis-à-vis de l'autre, à cent pas ou environ; on fera sortir ensuite un Cavalier de chacune de ces parties, ils accrocheront leur mousqueton, avanceront en avant de leurs rangs l'un vis-à-vis de l'autre, tireront leur mousqueton, les laisseront tomber, mettront le sabre à la main, le croiseront, le laisseront tomber ensuite pendu à la main par le cordon, tireront un ou les deux pistolets, reprendront leur sabre, le remettront & feront haut le mousqueton, après quoi ils iront se replacer dans le rang, en passant par derrière.

On en usera ainsi pour toute la compagnie successivement, recommandant aux Cavaliers de ne point tirer sur les chevaux.

IIIme
MANŒUVRE.

SE FORMER SUR DEUX RANGS.

POUR former la compagnie sur deux rangs, le Commandant la divisera en deux, & fera ensuite les commandemens suivans:

1er
Commandement.

Prenez garde à vous.
Je parle au demi-rang de la droite.
Marche.

Ce demi-rang marchera quatre pas, & s'arrêtera au commandement *Halte.*

2.me

Prenez garde à vous.
Sur deux rangs, formez la compagnie.
Marche.

35

Ceux qui ont marché appuyeront à gauche pendant que ceux qui font reftés appuyeront à droite pour prendre leur Chef-de-file.

Le Commandant avertira alors la file de fa droite, compofée de deux hommes, qu'elle eft fa droite; & la file de fa gauche, qu'elle eft fa gauche.

DEMI-TOUR A DROITE PAR HOMME.

Prenez garde à vous.

Demi-tour à droite par homme.

Marche.

En trois temps : au premier, le premier rang marchera trois pas en avant, & fera halte lorfqu'on fera ce commandement.

Au deuxième, les nombres pairs reculeront de la longueur d'un cheval.

Au troifième, tous feront demi-tour à droite, ceux qui n'avoient point reculé rentreront dans leurs rangs en marchant en avant, & le fecond rang ferrera fur le premier.

On répétera cette manœuvre une feconde fois.

On ne fera cette manœuvre hors des exercices qu'en cas de néceffité abfolue, on n'en donne la méthode que pour tâcher qu'elle fe faffe avec le moins de confufion qu'il fera poffible.

METTRE PIED A TERRE.

Prenez garde à vous.

Pied à terre.

En quatre temps : au premier, le premier rang marchera trois pas en avant comme ci-deffus.

Au deuxième, les nombres pairs reculeront de la longueur d'un cheval.

Au troifième, tous quitteront l'étrier droit, & avec

IVme
MANŒUVRE.

Vme
MANŒUVRE.
Ier
Commandement.

la main droite ils prendront l'étrivière, & mettront l'étrier à la crosse du pistolet droit; ils prendront tout de suite une poignée de crins avec la main gauche sans quitter leurs rênes, & mettront la main droite sur l'arçon de devant, les doigts en dedans & le pouce en dehors.

Au quatrième, s'appuyant sur l'arçon de devant ils s'élèveront sur l'étrier gauche, passeront la jambe droite tendue par dessus la croupe du cheval, & prendront en même temps le troussequin avec la main droite pour se soutenir en arrivant à terre : ils prendront tout de suite l'étrier gauche qu'ils mettront à la crosse du pistolet gauche, & passeront le bras gauche dans les rênes, faisant face à leurs chevaux, & tenant de la main gauche la branche gauche du mors.

2.me
Commandement.

Reprenez vos rangs.

En un temps, ils feront un demi-tour à droite, tournant le dos à leurs chevaux ; & les Cavaliers qui avoient reculé s'avanceront pour rentrer dans le rang & s'aligner avec les autres, quittant tous la branche gauche du mors.

VIme
MANŒUVRE.

MONTER A CHEVAL.

Prenez garde à vous.

A cheval.

En trois temps : au premier, tous les Cavaliers feront demi-tour à gauche, prendront le bout des rênes avec la main droite, les passeront sur le col du cheval ; & avec la gauche, ils prendront la branche gauche du mors, & abattront l'étrier de la main droite.

Au deuxième, les Cavaliers qui sont comptés pairs feront reculer leurs chevaux, prendront une poignée de crins de la main gauche, & de la droite l'étrier, chausseront le pied gauche dedans, & ensuite porteront la main droite au troussequin.

Au troisième, avec l'aide des deux mains & l'appui du pied gauche ils monteront à cheval légèrement & ensemble, abattront l'étrier droit, ajusteront les rênes : ceux qui avoient reculé avanceront pour s'aligner, & le second rang serrera sur le premier.

Dans

14. May 1784.

37

Dans les exercices particuliers, on fera faire deux fois les 4.e, 5.e & 6.e manœuvres; la première, en marquant les temps & spécifiant aux Cavaliers ce qu'ils doivent faire à chacun; & la seconde fois, sans les marquer.

Après cette manœuvre on dira: *Messieurs les Officiers, dans le rang;* & à cet avertissement le Commandant demeurant en avant, les autres Officiers se placeront à la droite & à la gauche du premier rang, alignés avec lui.

DES A DROITE ET A GAUCHE
PAR COMPAGNIE.

VIIme MANŒUVRE.

Prenez garde à vous.

Par compagnie à droite.

Marche.

1.er Commandement.

La file de la droite soûtiendra; la gauche marchera jusqu'au commandement *Halte.*

Prenez garde à vous.

Par compagnie à gauche.

Marche.

2.me

La file de la gauche soûtiendra, & celle de la droite marchera jusqu'au commandement *Halte.*

Prenez garde à vous.

Par compagnie demi-tour à droite.

Marche.

3.me

La file de la droite soûtiendra; celle de la gauche marchera & fera une demi-conversion jusqu'au commandement *Halte.*

Prenez garde à vous.

Par compagnie demi-tour à gauche.

Marche.

4.me

K

La file de la gauche soûtiendra, & celle de la droite marchera pour faire une demi-conversion jusqu'au commandement *Halte*.

Cette manœuvre est la meilleure de toutes pour se rompre à droite & à gauche & faire face derrière soi.

VIII.me MANŒUVRE. *DES A DROITE ET A GAUCHE PAR COMPAGNIE SUR LE CENTRE.*

1.er Commandement.

Prenez garde à vous.
Par compagnie, à droite sur le centre.
Marche.

Les deux Cavaliers du centre de chaque rang tourneront ensemble à droite; ceux de la droite feront un quart de conversion en reculant; ceux de la gauche en feront un sur le centre en marchant en avant; & ceux du second rang appuyeront à gauche de la jambe droite.

2.me

Prenez garde à vous.
Par compagnie, à gauche sur le centre.
Marche.

Les deux Cavaliers du centre de chaque rang tourneront ensemble à gauche; ceux de la gauche feront un quart de conversion en reculant; ceux de la droite en feront un sur le centre en marchant en avant; & ceux du second rang appuyeront à droite de la jambe gauche.

3.me

Prenez garde à vous.
Par compagnie, demi-tour à droite sur le centre.
Marche.

Les deux Cavaliers du centre de chaque rang tourneront ensemble & très-lentement pour faire une demi-conversion à droite; ceux de la droite feront cette demi-conversion en reculant; ceux de la gauche en marchant lentement en avant; & le second rang appuyera à gauche.

4.me

Prenez garde à vous.
Par compagnie, demi-tour à gauche sur le centre.

14. Mai 1784.

39

Les deux Cavaliers du centre de chaque rang tourneront ensemble & très-lentement pour faire une demi-conversion à droite ; ceux de la gauche la feront en reculant ; ceux de la droite en marchant lentement en avant ; & le second rang appuyera à droite.

Cette manœuvre est prompte, avance peu son flanc, & est la seule dont on puisse se servir dans un chemin étroit pour faire face derrière soi où elle présente toûjours le premier rang.

ROMPRE LA COMPAGNIE ET MARCHER
EN AVANT PAR QUATRE.

IXme *MANŒUVRE.*

Prenez garde à vous.
Pour marcher en avant par quatre.
Marche.

Les quatre Cavaliers de la droite du premier rang marcheront en avant, les huit autres du même rang se rompront à droite par quatre & suivront les premiers. Dès qu'ils auront fait encore un quart de conversion à gauche, les quatre de la droite du second rang les suivront, pendant que les huit autres du même rang se rompront à droite par quatre.

REMETTRE LA COMPAGNIE EN BATAILLE
EN AVANT.

Xme *MANŒUVRE.*

Halte.
En avant sur deux rangs, formez la compagnie.
Marche.

Les quatre Cavaliers qui forment le premier rang marcheront quatre pas ; ceux du deuxième rang feront un quart de conversion à gauche pour se former par un quart de conversion à droite, à côté du premier rang, pendant que les quatre autres rangs marcheront toûjours en avant ; le troisième fera son quart de conversion à gauche lorsqu'il sera arrivé à la place où le deuxième l'a fait, & se reformera ensuite ; le quatrième serrera sur le premier & fera halte ; le cinquième fera ce qu'a fait le deuxième ; & le sixième ce qu'a fait le troisième.

K ij

<table>
<tr><td>XIme
MANŒUVRE.</td><td>

ROMPRE LA COMPAGNIE ET MARCHER
A DROITE PAR QUATRE.

</td></tr>
</table>

Prenez garde à vous.

A droite par quatre, rompez la compagnie.
Marche.

Le premier rang fera à droite par quatre ; lorfque les derniers Cavaliers de ce rang auront dépassé le second rang, celui-ci marchera en avant fur le terrein qu'occupoit le premier, fera de même à droite par quatre, & fuivra.

<table>
<tr><td>XIIme
MANŒUVRE.</td><td>

FORMER LA COMPAGNIE SUR SA GAUCHE.
Halte.

</td></tr>
</table>

A gauche fur deux rangs, formez la compagnie.
Marche.

Les trois premiers rangs feront à gauche par quatre, & marcheront quatre pas en avant, pendant que les trois autres marcheront toûjours devant eux jufqu'à ce que le quatrième rang foit arrivé à la hauteur du quatrième Cavalier du premier rang ; alors les trois derniers rangs feront de même à gauche par quatre.

<table>
<tr><td>XIIIme
MANŒUVRE.</td><td>

ROMPRE LA COMPAGNIE ET MARCHER
A GAUCHE PAR QUATRE.

</td></tr>
</table>

Prenez garde à vous.

A gauche par quatre, rompez la compagnie.
Marche.

Le premier rang fera à gauche par quatre ; lorfque les derniers Cavaliers de ce rang auront dépassé le second rang, celui-ci marchera en avant fur le terrein qu'occupoit le premier rang, où il fera de même à gauche par quatre, & fuivra.

Lorfque les compagnies ne feront pas dans l'obligation de marcher par leur droite, & qu'on voudra fimplement marcher à gauche, on les fera marcher à colonne renverfée, exécutant par la gauche ce qu'on a exécuté par la

droite

41

droite à la onzième manœuvre; & alors, pour les remettre,
on exécutera la douzième manœuvre en faisant les quarts
de conversion à droite.

FORMER LA COMPAGNIE SUR SA DROITE. XIVme MANŒUVRE.

Halte.

A droite sur deux rangs, formez la compagnie. Marche.

Les trois premiers rangs feront à droite par quatre, &
marcheront quatre pas en avant pendant que les trois autres
marcheront toûjours devant eux, jusqu'à ce que le quatrième rang soit arrivé à la hauteur du quatrième Cavalier
de la gauche du premier rang; alors les trois derniers rangs
feront de même à droite par quatre.

DEFILER PAR UN, DEUX, QUATRE. XVme MANŒUVRE.

Prenez garde à vous.

Marchez un.... marchez deux.... marchez quatre. Marche.

Pour exécuter ce commandement, tout le premier rang
fera d'abord les mouvemens ci-après, & le second le
suivra.

Si on marche par un, le deuxième Cavalier viendra
prendre la place du premier & le suivra; si on a commandé de marcher par deux, le troisième & le quatrième
Cavalier viendront, par un à droite par deux, prendre la
place des deux premiers; & si on a commandé de marcher par quatre, tout le premier rang fera à droite par
quatre, comme il est dit à la neuvième manœuvre, les
quatre Cavaliers de la droite marchant en avant droit
devant eux.

DOUBLER LES RANGS, ET SE FORMER XVIme MANŒUVRE.
PAR COMPAGNIE.

Lorsqu'après avoir défilé par un, on voudra former la
compagnie, on la fera d'abord marcher par deux, ensuite
par quatre, & enfin on la fera former en avant comme

L

à la dixième manœuvre; & pendant tout le temps que les rangs doubleront, le premier rang fera halte, pour attendre la queue de la compagnie.

<table>
<tr><td>1.er
Commandement.</td><td>

Prenez garde à vous.

Marchez deux.

Marche.

</td></tr>
</table>

Le premier rang s'arrêtera jusqu'à ce que les derniers Cavaliers aient doublé; après quoi on les fera marcher tous.

Prenez garde à vous.

Marchez quatre.

Marche.

Le premier rang s'arrêtera jusqu'à ce que les derniers rangs aient doublé par quatre; après quoi on marchera.

Prenez garde à vous.

En avant sur deux rangs, formez la compagnie.

Marche.

La compagnie se formera en avant comme à la dixième manœuvre.

Cette méthode remédiera à l'inconvénient dans lequel on tombe ordinairement quand on se forme après avoir défilé, qui est que la queue de la compagnie est obligée de courir, ce qui est plus sensible lorsqu'il y a plusieurs compagnies & plusieurs escadrons, & fait que les dernières troupes arrivent les chevaux étant essouflés & hors d'état de combattre.

XVIIme MANŒUVRE.

BORDER LA HAYE POUR UNE REVÛE.

Pour une revûe on fera mettre les Cavaliers par ancienneté, sans transposer les Carabiniers ni aucun ancien Cavalier, les Officiers restant à la tête, & on fera les commandemens suivans.

14. Mai 1784.

43

Prenez garde à vous.
Par compagnie, à droite.
Marche.

1.er
Commandement.

Comme au premier commandement de la septième manœuvre.

Prenez garde à vous.
Sur un rang, formez la compagnie.
Marche.

2.me

Le premier rang de chaque compagnie appuyera à droite du talon gauche : le second appuyera à gauche du talon droit ; & lorsqu'il aura débordé la gauche du premier, il marchera en avant pour s'aligner.

SE REMETTRE SUR DEUX RANGS.

XVIIIme
MANŒUVRE.

Prenez garde à vous.
Je parle au demi-rang de la droite.
Marche.

1.er
Commandement.

Il marchera quatre pas & s'arrêtera au commandement *Halte.*

Prenez garde à vous.
Sur deux rangs, formez la compagnie.
Marche.

2.me

Ceux qui ont marché appuyeront à gauche, pendant que ceux qui sont restés appuyeront à droite pour prendre leurs Chefs-de-file.

Prenez garde à vous.
Par compagnie, à gauche.
Marche.

3.me

Comme au deuxième commandement de la septième manœuvre.

L ij

Lorsqu'on voudra manœuvrer sur trois rangs, la compagnie étant en haye par rang d'ancienneté au même nombre de vingt-quatre, les deux Brigadiers restant à la droite, le Commandant fera passer par derrière deux Carabiniers qu'il placera les 7ᵉ & 8ᵉ du rang : si la compagnie se trouve au dessus ou au dessous du nombre de vingt-quatre, on laissera, s'il est nécessaire, une ou deux files par compagnie qui n'auront que deux hommes de hauteur.

SE FORMER SUR TROIS RANGS.

Pour former la compagnie sur trois rangs, le Commandant la divisera en trois, & fera ensuite les commandemens suivans.

Prenez garde à vous.
Par tiers de compagnie, à droite.
Marche.

Les Cavaliers exécuteront ce commandement.

Prenez garde à vous.
Serrez vos rangs.
Marche.

Les deux derniers rangs serreront sur le premier.

Prenez garde à vous.
Par compagnie, à gauche.
Marche.

On exécutera ce commandement.

Le Commandant avertira alors la file de la droite, composée de trois hommes, qu'elle est sa droite, & la file de la gauche qu'elle est sa gauche.

On observera que lorsque plusieurs compagnies manœuvreront ensemble, on ne pourra plus, étant sur trois rangs,

45

rangs, exécuter les à droite & à gauche par une compagnie; mais par deux ensemble.

L'exercice étant fini, le Commandant de la compagnie la conduira au lieu où elle se sera assemblée; il y sera mettre les Cavaliers pied à terre, & ils ramèneront leurs chevaux à l'écurie, les tenant de même qu'ils les auront amenés.

On en usera de même toutes les fois que les Cavaliers reviendront de garde ou de détachement.

DES MANŒUVRES
POUR UN RÉGIMENT.

LES jours marqués pour l'exercice d'un régiment, les Cavaliers commandés par compagnie s'assembleront une demi-heure avant celle qui aura été donnée pour l'exercice, au rendez-vous indiqué pour chaque compagnie; d'où les Commandans desdites compagnies, après en avoir fait l'inspection, & les avoir fait monter à cheval & former, comme il a été dit au titre des manœuvres pour une compagnie, les conduiront au rendez-vous général du régiment, laissant au dernier rang les Cavaliers destinés pour la petite troupe que l'on formera par chaque escadron, lorsque le régiment sera rassemblé.

Les compagnies se placeront en bataille, la première à la droite du premier escadron, la deuxième à la droite du second escadron, la troisième à la gauche du premier escadron, la quatrième à la gauche du deuxième escadron, la cinquième à la gauche de la première compagnie, la sixième à la gauche de la deuxième, la septième entre la troisième & la cinquième, & la huitième entre la quatrième & la sixième.

Dans les régimens composés d'un plus grand nombre d'escadrons, on observera le même ordre, en plaçant

M

alternativement les compagnies dans chaque escadron, suivant leur ancienneté.

Les compagnies qui devront fermer les escadrons, se formeront de la même manière que les autres.

Les compagnies ayant pris leur place dans l'escadron, se rendront, du lieu du rendez-vous général, sur celui qui aura été destiné pour l'exercice, où elles se formeront par compagnie dès que le terrein le permettra; & le régiment se mettra en bataille sur deux rangs, les Officiers aux places qui leur sont ci-après indiquées.

Lorsque quelques compagnies n'auront pû fournir le nombre prescrit ci-après, on les égalisera ensemble, en leur faisant se prêter des hommes mutuellement.

Etendards. Si le régiment est en garnison, on commandera un Lieutenant & un Brigadier sur tout le régiment, un Carabinier par chaque compagnie où il y a un étendard, & deux Cavaliers par chaque compagnie du régiment, lesquels se rendront avec le Timbalier & tous les Trompettes, au lieu où sont les étendards.

Le Lieutenant placera ce détachement sur un rang dans l'ordre suivant, commençant par la droite : quatre Cavaliers, la moitié des Trompettes, le Timbalier, l'autre moitié des Trompettes, quatre Cavaliers, les quatre étendards portés par les Carabiniers, & huit autres Cavaliers.

Il fera rompre cette troupe à droite par quatre. Les quatre premiers Cavaliers qui précéderont la première moitié des Trompettes, auront le mousqueton haut: il se mettra à la tête des autres, qui auront le sabre à la main, & le Brigadier suivra derrière.

Le Lieutenant conduira ainsi les étendards au lieu indiqué pour le rendez-vous général du régiment; & dès que l'on les y verra arriver, on fera mettre le sabre à la main à tout le régiment.

Le Lieutenant, avec sa troupe entière, remettra les étendards à chaque compagnie, & ne renverra les Trompettes, ni aucun Cavalier de l'escorte, qu'après que le dernier étendard aura été remis à sa compagnie; alors lesdits Cavaliers rentreront à leurs compagnies par derrière les rangs.

A la fin de l'exercice, le régiment étant encore en bataille, le Lieutenant commandé rassemblera l'escorte & les étendards, commençant par la première compagnie jusqu'à la dernière: après quoi on fera mettre le sabre à la main à tout le régiment, & l'escorte repassera à la droite pour conduire les étendards chez le Commandant du régiment, dans le même ordre ci-dessus indiqué.

Dans les camps, on suivra, pour prendre les étendards; ce qui est porté par l'instruction pour le service de la Cavalerie.

LE Commandant d'un escadron se tiendra seul en avant du premier rang, entre la 3ᵉ & la 4ᵉ compagnie de l'escadron. *Place des Officiers.*

Le Major & l'Aide-major, sans avoir de place fixe, se tiendront à portée du Commandant du premier & du second escadron, pour recevoir leurs ordres.

Soit que les escadrons se forment sur deux ou sur trois rangs, les Capitaines seront dans le premier rang, les deux de la droite à la droite de leur compagnie, les deux des compagnies de la gauche à la gauche; les Lieutenans seront de même dans le premier rang, ceux des deux compagnies de la droite à la gauche : ceux des deux de la gauche à la droite.

Lesdits Capitaines & Lieutenans seront les troisièmes du rang, étant débordés de droite ou de gauche par les deux Brigadiers ou Carabiniers.

Tous les Maréchaux-des-logis seront en serre-file derrière le centre du second rang de leur compagnie.

Tous ces Officiers feront remplacés lorfqu'il en manquera, le Capitaine par le Lieutenant de la même compagnie, ainfi des autres, de grade en grade, fans jamais faire paffer perfonne d'une compagnie à une autre.

Le Commandant du régiment fe fervira cependant des Officiers réformés pour en remplacer d'autres, comme il le jugera à propos.

Les Officiers qui feront dans les rangs feront compris dans le nombre des vingt-quatre hommes que la compagnie devra fournir, de forte que le front de l'efcadron fera toûjours de quarante-huit files, & que chaque compagnie n'aura que vingt-deux Cavaliers.

Les Cavaliers dont ces Officiers tiendront la place, ainfi que ceux qui, dans chaque compagnie, excéderont le nombre de vingt-quatre, feront envoyés à la petite troupe que l'efcadron devra former.

Les deux étendards de chaque efcadron feront au premier rang à la feptième file, à compter de la droite & de la gauche de l'efcadron lorfqu'il fera fur deux rangs; & à la cinquième file fi l'efcadron eft fur trois.

Les Trompettes feront fur un rang à la droite de l'efcadron, le Timbalier derrière ceux du premier efcadron.

Lorfqu'on voudra rendre des honneurs, foit de pied ferme, foit en marchant, les Officiers fe placeront à la tête de leur troupe; alors on fera paffer le Cavalier qui eft derrière le Capitaine, du fecond rang au premier, pour rendre les deux rangs égaux. Les étendards feront portés par les Lieutenans des compagnies où ils font; & à leur défaut par les derniers Lieutenans de l'efcadron.

Quand on marchera en colonne par compagnie, le Capitaine en prendra la tête, & il fera de même remplacé par le Cavalier qui eft derrière lui: le Lieutenant fe tiendra fur le flanc hors du rang, & le Maréchal-des-logis fur le flanc oppofé.

TOUTES

14. Mai 1756.

49

Petite Troupe.

ToUTES les fois qu'un régiment prendra les armes en entier pour manœuvrer, on fera une petite troupe par escadron, des Cavaliers de chaque compagnie de cet escadron qui excéderont le nombre qui doit y être employé.

Cette troupe plus ou moins forte sera commandée par un Lieutenant & un Maréchal-des-logis, au choix du Commandant. Le Lieutenant sera remplacé au premier rang par le Maréchal-des-logis de sa compagnie ; & en ce cas, il n'y aura plus que deux Maréchaux-des-logis en serre-file derrière l'escadron.

Cette petite troupe sera sur un rang, à vingt pas en arrière du centre de l'escadron, elle exécutera les mêmes mouvemens que le reste de l'escadron, soit qu'il marche en avant ou en arrière ; & lorsqu'il se rompra pour marcher en colonne, elle se rompra en même temps sur deux ou sur quatre rangs, & marchera à même hauteur que l'escadron lorsque le terrein le permettra, ou le suivra derrière de fort près lorsqu'elle ne pourra marcher à côté.

On pourra aussi, lorsqu'elle sera assez nombreuse, la diviser en deux parties qui se tiendront derrière la droite & derrière la gauche de l'escadron.

Le Lieutenant se tiendra à la tête & au centre de cette troupe, & le Maréchal-des-logis derrière ; lorsqu'elle sera divisée, chacun d'eux sera à la tête d'une des parties.

On pourra quelquefois de deux escadrons foibles en faire un complet ; & alors la petite troupe se trouvera du nombre de trente-deux Cavaliers.

Se mettre en bataille.

LE régiment, en arrivant sur le lieu où il devra faire l'exercice, se mettra en bataille, soit en avant, soit sur sa droite, soit sur sa gauche, suivant la commodité du terrein ; & il exécutera, pour cet effet, l'une des manœuvres ci-après, 7ᵉ, 9ᵉ ou 11ᵉ.

Le régiment étant en bataille, & les Officiers dans le

N

rang aux places indiquées, on fera compter les rangs par quatre, y compris les Officiers.

On fera le maniement des armes si le Commandant du régiment le demande, commençant par les commandemens de l'inspection pour vérifier si les armes ne seront point chargées : à l'avertissement pour le maniement des armes, les Officiers marcheront en avant. On fera exécuter ensuite les manœuvres suivantes, que le Commandant fera commander par l'Officier qu'il jugera à propos, s'il ne veut pas les commander lui-même.

I.re
MANŒUVRE.

DES A DROITE ET A GAUCHE
PAR COMPAGNIE.

Comme à la septième manœuvre pour une compagnie.

Les Cavaliers du second rang auront attention à garder leurs Chefs-de-file.

II.me
MANŒUVRE.

DES A DROITE ET A GAUCHE
PAR COMPAGNIE SUR LE CENTRE.

Comme à la huitième manœuvre pour une compagnie.

III.me
MANŒUVRE.

DES A DROITE ET A GAUCHE
PAR DEUX COMPAGNIES.

1.er
Commandement.

Prenez garde à vous.
Par deux compagnies, à droite.
Marche.

La file de la droite de la première compagnie de l'escadron soûtiendra, & la file de la gauche de la troisième marchera : la file de la droite de la quatrième soûtiendra, & la file de la gauche de la deuxième marchera ; le tout s'arrêtera au commandement *Halte.*

2.me

Prenez garde à vous.
Par deux compagnies, à gauche.
Marche.

51

La file de la gauche de la troisième compagnie soûtiendra, & celle de la droite de la première marchera : la file de la gauche de la deuxième soûtiendra, & la file de la droite de la quatrième marchera ; le tout s'arrêtera au commandement *Halte*.

Prenez garde à vous.
Par deux compagnies, demi-tour à droite.
Marche.

3.ᵐᵉ *Commandement.*

La file de la droite de la première compagnie soûtiendra, & celle de la gauche de la troisième marchera ; la file de la droite de la quatrième compagnie soûtiendra, & celle de la gauche de la deuxième marchera : on fera la demi-conversion, & l'on s'arrêtera lorsqu'on se retrouvera aligné avec le reste de l'escadron, faisant face du côté opposé.

Prenez garde à vous.
Par deux compagnies, demi-tour à gauche.
Marche.

4.ᵐᵉ

La file de la gauche de la troisième compagnie soûtiendra, & celle de la droite de la première marchera ; la file de la gauche de la deuxième compagnie soûtiendra, & celle de la droite de la quatrième marchera : on fera la demi-conversion, & on s'arrêtera comme il est dit ci-dessus.

DES A DROITE ET DES A GAUCHE
PAR ESCADRON.

IV.ᵐᵉ MANŒUVRE.

Prenez garde à vous.
Par escadron, à droite.
Marche.

1.ᵉʳ *Commandement.*

La droite de l'escadron soûtiendra, la gauche marchera. Lorsque le Commandant de l'escadron jugera que le quart de conversion sera fini, il dira *Halte*, & l'escadron s'arrêtera.

Prenez garde à vous.

Par escadron, à gauche.

Marche.

La gauche soûtiendra, la droite marchera, & s'arrêtera au commandement *Halte.*

3.me

Prenez garde à vous.

Par escadron, demi-tour à droite.

Marche.

La droite soûtiendra, & la gauche marchera, & ne s'arrêtera que lorsqu'après la demi-conversion elle se trouvera alignée avec les autres escadrons.

4.me

Prenez garde à vous.

Par escadron, demi-tour à gauche.

Marche.

La gauche soûtiendra, la droite marchera, & s'arrêtera comme au troisième commandement.

On répétera cette manœuvre en marchant au trot très-légèrement, faisant les mêmes commandemens; & à la fin de chaque mouvement, on dira: *Marche...au trot.*

Vme
MANŒUVRE.

DÉFILER PAR UN, DEUX, QUATRE.

Comme à la quinzième manœuvre pour une compagnie.

LE Capitaine prendra la tête de la compagnie qui défilera; le Lieutenant se tiendra sur le flanc du même côté où il étoit, & le Maréchal-des-logis sur le flanc opposé.

Lorsqu'on marchera quatre, le dernier rang de chaque compagnie ne sera que de deux Cavaliers.

DOUBLER

53

DOUBLER LES RANGS ET SE REFORMER
PAR COMPAGNIE.

VIme *MANŒUVRE.*

Comme à la seizième manœuvre pour une compagnie.

LA tête de chaque compagnie attendra pour marcher que sa queue l'ait rejointe : la première compagnie de l'escadron sera halte, jusqu'à ce que les autres l'aient rejointe au trot, n'ayant entr'elles que l'intervalle nécessaire pour se mettre en bataille; & de même le premier escadron d'un régiment sera halte, jusqu'à ce que les autres soient arrivés au trot; le Commandant du second devant réserver, outre les douze pas nécessaires pour placer sa division, vingt-quatre autres pas pour l'intervalle d'un escadron à l'autre.

Dès qu'on se reformera par compagnie, les Officiers rentreront dans les rangs, le premier de chaque compagnie étant toûjours de dix Cavaliers; le second des deux compagnies des ailes, de onze; & le second des deux compagnies du centre, de douze.

Dans une marche de nuit, on continueroit à défiler au pas ou au trot, jusqu'à ce que l'on eût joint la division qui précède.

Toutes les manœuvres de la Cavalerie étant dérivées de celles qui précèdent, on cessera de répéter les commandemens dans celles qui suivent.

UN REGIMENT ETANT EN COLONNE PAR COMPAGNIE,
SE METTRE EN BATAILLE EN AVANT.

VIIme *MANŒUVRE.*

LA première compagnie se portera légèrement huit pas en avant, pendant que celle qui suit fera à gauche par compagnie, & tout de suite à droite par compagnie, pour se former à la gauche de la première : toutes les autres continueront à marcher devant elles, jusqu'à ce que

O

chacune étant arrivée où celle qui la précède a fait à gauche, elle n'ait plus que l'espace nécessaire pour exécuter ce mouvement; & elle sera ensuite à droite par compagnie, lorsque son premier rang sera arrivé à la hauteur de la gauche de la compagnie qui la précède.

VIII.me
MANŒUVRE.

SE ROMPRE ET MARCHER A DROITE
PAR COMPAGNIE.

CETTE manœuvre s'exécutera par un à droite par compagnie.

IX.me
MANŒUVRE.

SE REMETTRE EN BATAILLE SUR SA GAUCHE.

DE même par un à gauche par compagnie.

X.me
MANŒUVRE.

SE ROMPRE ET MARCHER A GAUCHE
PAR COMPAGNIE.

LA première compagnie ayant marché six pas en avant, sera à gauche par compagnie : celle qui est à sa gauche marchera aussi droit devant elle, & sera le même mouvement, & ainsi des autres; avec cette attention, que chaque compagnie marchera dès que celle qui la précède sera vis-à-vis la file de sa droite.

XI.me
MANŒUVRE.

SE REMETTRE EN BATAILLE SUR SA DROITE.

LA première compagnie sera à droite par compagnie, & marchera six pas en avant; celle qui suit, marchant toûjours droit devant elle, sera de même à droite par compagnie dès que son premier rang sera à la hauteur de la file de la gauche de la compagnie qui la précède; & ainsi des autres, qui marcheront de même devant elles jusqu'à ce que leur premier rang soit à la hauteur de la gauche de la compagnie qui les précède.

XII.me
MANŒUVRE.

SE ROMPRE ET MARCHER EN AVANT
PAR COMPAGNIE.

LA première compagnie marchera droit devant elle :

55

les autres compagnies feront à droite par compagnie; & quand elles feront arrivées à la même hauteur que la première, elles la fuivront en faifant un à gauche par compagnie.

On fera remettre le régiment en bataille en avant, comme à la feptiéme manœuvre.

MARCHER EN AVANT SUR UNE COLONNE   XIIIme MANŒUVRE.
PAR ESCADRON.

ON fera à gauche par efcadron, enfuite à droite par compagnie.

SE REMETTRE EN BATAILLE.   XIVme MANŒUVRE.

ON fe remettra fimplement en bataille en faifant à gauche par compagnie, & à droite par efcadron; mais fi l'on vouloit fe remettre fur le même terrein, il faudroit faire à droite par compagnie, enfuite à droite par efcadron, & on fe remettroit par un demi-tour à droite par compagnie.

PASSER LE DEFILÉ EN AVANT.   XVme MANŒUVRE.

LE régiment étant en bataille devant le défilé, l'ennemi étant de l'autre côté, on fera avancer la compagnie du centre pour s'emparer du défilé, & le dépaffer de vingt pas : pendant ce temps, le refte du régiment appuyera de droite & de gauche pour ferrer fur le centre, & chaque compagnie paffera fucceffivement à la fuite de la première.

En arrivant de l'autre côté, les compagnies fe formeront de droite & de gauche à côté de la première qui aura paffé.

Si le défilé fe trouvoit vis-à-vis une autre compagnie que celle du centre, cette compagnie pourra également paffer la première, & les autres pafferont de même fucceffivement.

Si le défilé ne pouvoit contenir une compagnie de front, on passera par demi-compagnie; de même que s'il étoit plus large, on passeroit deux compagnies à la fois, observant de le remplir & de suivre la méthode ci-dessus.

S'il y avoit un piquet ou une petite troupe, on les enverra les premiers s'emparer du défilé.

XVIme MANŒUVRE.

PASSER LE DEFILE EN ARRIÈRE.

LORSQU'AYANT l'ennemi en tête on veut se retirer & passer un défilé qu'on a derrière soi, la compagnie du centre, ou celle qui se trouve vis-à-vis du défilé, reculera jusqu'à ce qu'elle soit en arrière des deux rangs; alors elle fera demi-tour à droite par homme, passera légèrement le défilé, & se mettra en bataille par le même mouvement, à vingt pas au moins en arrière du débouché.

Les autres compagnies de droite & de gauche de l'escadron serreront sur le centre en appuyant des talons, & passeront successivement le défilé, faisant la même manœuvre que la première compagnie: après l'avoir passé, les compagnies de la droite feront un quart de conversion à gauche, ensuite un quart de conversion à droite pour reprendre leur place, après quoi elles feront demi-tour à droite par homme.

Celles de la gauche au contraire feront un quart de conversion à droite, ensuite un quart de conversion à gauche, & enfin demi-tour à droite par homme lorsqu'elles auront repris leur place.

La dernière compagnie à passer, sans reculer, fera demi-tour à droite par homme, & se jettera brusquement dans le défilé, qu'elle passera le plus légèrement qu'il lui sera possible.

Le piquet ou la petite troupe repasseront les derniers.

FAIRE

57

FAIRE CHARGER DEUX ESCADRONS.   XVII.me MANŒUVRE.

L'OBJET de cette manœuvre est d'apprendre aux Cavaliers à suivre en ordre une troupe battue, & à se rallier lorsqu'ils auront été obligés de se retirer: ainsi en l'exécutant on donnera toute son attention à les contenir dans le premier cas, & à les faire reformer promptement dans le second.

On fera faire à droite par escadron au premier escadron, & à gauche par escadron au second: ils s'éloigneront ensuite l'un de l'autre de cinq ou six cens pas au moins, en marchant au pas, droit devant eux.

A un appel ou un autre signal indiqué, le premier escadron fera demi-tour à droite par escadron, & le second demi-tour à gauche, pour faire face l'un à l'autre.

On fera avancer la première & la quatrième compagnies du premier escadron, la deuxième & la troisième du second, pour former dans chaque escadron deux lignes à cent pas au moins l'une de l'autre: elles marcheront toutes ensuite en avant; & lorsque les deux premières lignes des deux escadrons seront à vingt pas l'une de l'autre, on fera sonner la charge.

Les deux premières lignes s'approcheront au trot jusqu'à ce que les têtes des chevaux se touchent & les sabres se croisent; alors on fera sonner la retraite pour une de ces deux premières lignes, & elle se repliera pour aller au galop se rallier & se former à cent pas au moins derrière la seconde ligne, qui avancera au pas dès que celle-ci aura plié & se sera rompue.

Les deux compagnies qui forment la première ligne du premier escadron, ayant suivi au petit trot celles du second qui se sont repliées devant elles, feront face à la seconde ligne de cet escadron, & se replieront à leur tour

P

lorsqu'on sonnera la retraite, ainsi successivement chaque ligne l'une après l'autre marchant au trot lorsqu'on sonnera la charge, & se repliant lorsqu'on sonnera la retraite de son côté.

Après avoir fait rentrer la seconde ligne de chaque escadron dans la première, on fera marcher les escadrons jusqu'à ce qu'ils n'aient plus qu'environ cent trente pas de distance de l'un à l'autre; ensuite le premier escadron fera à droite par escadron, le second à gauche, & ils se trouveront en bataille.

RETRAITE.

XVIIIme
MANŒUVRE.

ON fera marcher en avant la première & la quatrième compagnies de chaque escadron, pour former une première ligne à cent ou cent cinquante pas de la seconde.

Cette première ligne fera alors demi-tour à droite par compagnie, & marchera au grand trot jusqu'à cent pas au moins derrière sa seconde ligne, où elle se remettra par le même mouvement.

La seconde ligne ne se mettra en mouvement que quand la première sera à sa hauteur : elle marchera alors dix pas en avant fort lentement, & fera ensuite demi-tour à droite par compagnie, pour se porter au trot cent pas au moins derrière la première.

On répétera plusieurs fois cette manœuvre, en faisant retirer alternativement l'une des lignes derrière l'autre.

Pour se remettre en bataille, les première & quatrième compagnies de chaque escadron étant en avant, on fera rentrer dans leurs intervalles les 3es & 2es, & serrer les escadrons sur le centre de chacun, s'ils étoient trop ouverts.

XIXme
MANŒUVRE.

BORDER LA HAIE POUR UNE REVUE.

Comme à la dix-septième manœuvre pour une compagnie.

59

Les Officiers sortiront du rang pour passer à la tête de leur compagnie.

SE REMETTRE SUR DEUX RANGS.

Comme à la dix-huitième manœuvre pour une compagnie.

Lorsqu'on voudra faire manœuvrer le régiment sur trois rangs, avant de le mener sur le terrein on le fera former, ainsi qu'il a été dit à la fin des manœuvres pour une compagnie, & on pourra lui faire exécuter toutes les manœuvres ci-dessus, à commencer de la troisième; observant que tout ce qui est indiqué de faire par une compagnie, se fasse par deux, n'étant pas possible que les escadrons formés sur trois rangs, se rompent par compagnie.

L'exercice étant fini, le régiment retournera au lieu où il s'étoit assemblé, d'où on renverra les étendards; & chaque compagnie sera ramenée par l'Officier qui la commandera, comme il a été dit à la fin des manœuvres pour une compagnie.

DES MANŒUVRES

POUR UNE TROUPE DE CINQUANTE MAISTRES.

Ces troupes étant destinées à aller en détachement, ou à être postées en garde ordinaire, il est nécessaire que les Officiers & les Cavaliers soient instruits des manœuvres auxquelles elles doivent être employées.

Pour cet effet, on fera quelquefois diviser le régiment en plusieurs troupes de cinquante maîtres, auxquelles on attachera un Capitaine, deux Lieutenans & un Maréchal-des-logis.

Cette troupe sera composée (outre les Officiers ci-dessus) de deux Brigadiers, quatre Carabiniers, un Maréchal, un Trompette & quarante-deux Cavaliers.

P ij

Ils se placeront tous sur un rang, les Cavaliers de chaque compagnie ensemble. Le Capitaine fera l'inspection des hommes & des chevaux, & il fera exécuter les commandemens pour celle des armes.

Il fera ensuite marcher en avant les Brigadiers & Carabiniers, & derrière eux la moitié des Cavaliers de chaque compagnie, pour que tous les Cavaliers d'une même compagnie ne soient pas au premier rang ; & il formera ensuite sa troupe dans l'ordre suivant.

Première Division.

Un Brigadier à la droite, cinq Cavaliers à sa gauche.

Second rang : un Carabinier à la droite, cinq Cavaliers à sa gauche.

Deuxième Division.

Un Carabinier à la droite, cinq Cavaliers à sa gauche.
Second rang : six Cavaliers.

Troisième Division.

Cinq Cavaliers, un Carabinier à leur gauche.
Second rang : six Cavaliers.

Quatrième Division.

Cinq Cavaliers, un Brigadier à leur gauche.

Second rang : cinq Cavaliers, un Carabinier à leur gauche.

Chaque division sera aux ordres de son Brigadier ou Carabinier.

Le Capitaine se placera au centre en avant entre la deuxième & la troisième division, le premier Lieutenant à la droite, le second Lieutenant à la gauche, l'un & l'autre alignés avec le rang ; & le Maréchal-des-logis derrière.

Le Capitaine fera compter sa troupe par deux, & il marquera les droites & les gauches de chaque division.

DEFILER

14 Mai 1754.

61

DÉFILER PAR UN, DEUX, TROIS.

I.re MANŒUVRE.

CHAQUE division étant censée une troupe séparée, lorsqu'on fera défiler par un, deux, trois, toute la première division défilera de suite, & sera suivie par la deuxième.

SE REFORMER.

II.me MANŒUVRE.

CHAQUE division se formera d'abord sur deux rangs, la première ayant attention de faire halte pour attendre les autres; après quoi elles formeront la troupe en avant, observant ce qui est expliqué à la sixième manœuvre pour un régiment.

DES A DROITE ET A GAUCHE
PAR DEMI-TROUPE.

III.me MANŒUVRE.

ON fera des à droite, des à gauche, des demi-tours à droite, & des demi-tours à gauche par deux divisions ou par demi-troupe. Les Officiers manœuvreront avec la division à laquelle ils sont attachés.

DES A DROITE ET A GAUCHE
PAR DEMI-TROUPE SUR LE CENTRE.

IV.me MANŒUVRE.

ON fera à droite, à gauche, demi-tour à droite & demi-tour à gauche sur le centre par demi-troupe.

DES A DROITE ET A GAUCHE
PAR TROUPE.

V.me MANŒUVRE.

ON répétera les mêmes mouvemens par troupe entière. C'est la seule manière par laquelle on puisse faire face à droite ou à gauche.

DÉTACHER UNE AVANT-GARDE.

VI.me MANŒUVRE.

ON fera marcher le Lieutenant en avant avec la division de la droite, dont il prendra la tête : il se tiendra toûjours à cent pas au plus de la troupe, & se fera

Q

précéder par deux vedettes à trente pas de lui ; & cette avant-garde fera haut le mousqueton qu'elle aura dégagé & accroché.

L'avant-garde se rejoindra à la troupe lorsque le Lieutenant en recevra l'ordre, en se portant un peu sur la droite de la troupe & au-delà de son second rang, où en faisant soûtenir sa droite elle reprendra sa place par une demi-conversion.

VII.me MANŒUVRE.

DÉTACHER UNE ARRIÈRE-GARDE.

LE second Lieutenant demeurera cent pas au plus derrière la troupe avec la division de la gauche, & se fera suivre de deux Cavaliers à trente pas de lui ; & cette arrière-garde fera de même haut le mousqueton.

Il rejoindra la troupe en marchant en avant lorsqu'il en recevra l'ordre, & y reprendra sa place.

VIII.me MANŒUVRE.

PLACER UN PETIT CORPS-DE-GARDE.

LE Capitaine ira lui-même poster son petit corps-de-garde, composé d'une des divisions de sa troupe, & placera les vedettes qui devront entourer, non seulement le petit corps-de-garde, mais même sa troupe.

Ce petit corps-de-garde fera relevé alternativement par chaque division, & le Maréchal-des-logis marchera avec chacune des deux divisions du centre.

IX.me MANŒUVRE.

FAIRE FACE DE QUATRE COSTÉS.

ON indique cette manœuvre comme utile pour une garde ordinaire qui, étant inquiétée par des troupes légères, veut garder son poste jusqu'à ce qu'elle soit secourue.

Pour l'exécuter, le Capitaine commencera par faire rentrer son petit corps-de-garde qui aura retiré ses vedettes, ensuite il fera les commandemens suivans :

63

Prenez garde à vous.

Je parle au premier rang.

Six pas en avant.

Marche.

1.er Commandement.

Le rang marchera six pas, & s'arrêtera au commande-ment de *Halte.*

Prenez garde à vous.

Je parle au second rang.

Par division sur le centre, demi-tour à droite.

Marche.

2.me

Les droites de chaque division reculeront; les gauches avanceront pour faire la demi-conversion à droite.

Prenez garde à vous.

Je parle aux divisions de droite & de gauche.

Formez le quarré.

Marche.

3.me

Les divisions de droite & de gauche de chaque rang feront un quart de conversion en arrière, jusqu'à ce qu'elles aient fermé l'intervalle des deux rangs, en formant le quarré.

Les Officiers feront ce mouvement avec les Cavaliers, moyennant quoi il s'en trouvera un au centre de chaque face, pour avoir attention à y faire ménager le feu à propos.

REFORMER LA TROUPE.

Xme MANŒUVRE.

Pour reformer la troupe, on fera les commandemens ci-après.

1.er
Commandement.

1.er
Commandement.

Prenez garde à vous.
Alignez-vous fur le centre de vos rangs.
Marche.

Les divifions de droite & de gauche des deux rangs qui ont reculé, faifant leur quart de converfion en avant, à gauche & à droite, s'aligneront fur le centre de leur rang.

2.me

Prenez garde à vous.
Je parle au fecond rang.
Par divifion fur le centre, demi-tour à droite.
Marche.

Comme au fecond commandement de la manœuvre ci-deffus.

3.me

Prenez garde à vous.
Serrez vos rangs.
Marche.

Le fecond rang ferrera fur le premier.

XIme
MANŒUVRE.

SE RETIRER.

LORSQU'AU contraire une garde ordinaire voudra fe replier fur le camp, le Capitaine ordonnera aux trois divifions de la droite de faire une demi-converfion à droite; & la divifion de la gauche marchera quelques pas en avant pour foûtenir fa troupe, pendant qu'elle fait fon mouvement & qu'elle fe porte au trot en arrière, où elle fe remettra en bataille; après quoi cette divifion fe repliera au trot pour aller la rejoindre.

Le Capitaine pourra ordonner enfuite aux trois divifions de la gauche, de faire le demi-tour à gauche; & la divifion de la droite marchera de même quelques pas en avant,

avant, ainfi fucceffivement, faifant face de temps en temps, & ayant attention de marcher en ordre.

Si on vouloit fe retirer avec un nombre un peu confidérable de troupes de cinquante maîtres, on les mettra fur deux lignes, & on fuivra ce qui eft prefcrit à la dix-huitième manœuvre pour un régiment; obfervant que lorfqu'on fera la demi-converfion, ce mouvement fe fera par demi-troupe pour le rendre plus prompt, & approcher fon flanc moins près de l'ennemi.

Après les manœuvres finies, les Officiers & Cavaliers qui y auront été employés rentreront dans leurs compagnies.

DES SIGNAUX.

Lorsque dans un exercice on voudra commander à un affez grand nombre d'efcadrons ou de troupes, pour que la voix ne puiffe pas fe faire entendre au total, on fe fervira des fignaux ci-après, & on aura foin d'exercer la Cavalerie à en faire ufage, afin qu'elle ait une connoiffance parfaite des mouvemens qu'ils indiquent.

Un appel fera deftiné à prévenir qu'on va faire quelque mouvement; & à ce fignal chaque Commandant dira: *Prenez garde à vous.*

Lorfqu'il fera fuivi immédiatement par la marche, on marchera en avant, le Commandant difant *Marche.*

Lorfqu'après le premier appel on fonnera un *ton bas,* le mouvement fe fera par compagnie ou par demi-troupe de cinquante maîtres, & le Commandant dira: *Par compagnie* ou *par demi-troupe.*

Si on fonne deux *tons bas,* le mouvement fe fera par deux compagnies; & le Commandant dira: *Par deux compagnies.*

Si on ne sonne point de *tons bas*, le mouvement se fera par escadron ou par troupe entière.

Les demi-appels indiqueront l'espèce du mouvement : un demi-appel signifiera un quart de conversion à droite, deux demi-appels un quart de conversion à gauche, trois demi-appels une demi-conversion à droite, quatre demi-appels une demi-conversion à gauche : alors le Commandant dira : ou *à droite* ou *à gauche, faites un quart de conversion*, ou *demi-tour à droite* ou *demi-tour à gauche*. Il ne dira *marche* que lorsqu'ensuite on sonnera la *marche* ; & alors on se mettra en mouvement pour exécuter ensemble la manœuvre indiquée.

Lorsque dans une colonne de Cavalerie un peu considérable, les derniers escadrons se trouveront obligés de galopper, ils feront sonner un appel qui sera répété jusqu'à la tête, d'escadrons en escadrons ; alors la tête sera *halte* pour attendre la queue, & ne se remettra en marche que lorsque le dernier escadron ayant rejoint, il aura fait sonner la *marche* qui sera de même répétée d'escadrons en escadrons.

FAIT à Versailles, le quatorze mai mil sept cent cinquante-quatre. *Signé* M. P. DE VOYER D'ARGENSON.

9 782329 244747